Der kleine Celestine-Führer
zur *zehnten* Erkenntnis

James Redfield

Der kleine Celestine-Führer zur *zehnten* Erkenntnis

Aus dem Amerikanischen
von Thomas Görden

Mit Illustrationen von Gisela Dürr

WILHELM HEYNE VERLAG
MÜNCHEN

HEYNE MILLENNIUM
Herausgegeben von Michael Görden

Titel der amerikanischen Originalausgabe:
The Tenth Insight:
Holding the Vision
A Pocket Guide
Die Originalausgabe erschien bei Warner Books,
New York

Umwelthinweis:
Dieses Buch wurde auf chlor- und säurefreiem Papier
gedruckt.

Umschlaggestaltung:
ART & DESIGN Härtl, München
Satz: Leingärtner, Nabburg
Druck und Bindung: RMO Druck, München
Printed in Germany

ISBN 3-453-13859-7

Für meine Töchter
Megan und Kelly

DEN WANDEL VERSTEHEN

Während unserer gesamten Geschichte haben wir Menschen dramatische Veränderungen unserer Lebensweise und Weltsicht erlebt. Eine der ersten dieser Veränderungen ereignete sich, als die frühe Menschheit vor vielen Jahrtausenden entdeckte, daß das Leben als auf mühseliger täglicher Nahrungssuche umherwandernde Jäger und Sammler nicht die einzige Möglichkeit darstellte. Zuvor hatten wir jahrtausendelang in kleinen Familienverbänden gelebt, die rasch von einem Ort zum anderen ziehen konnten. Jede dieser Gruppen durchstreifte das Land auf der Suche nach Beeren, eßbaren Wurzeln und Wild. Waren diese Nahrungsquellen in einem Gebiet erschöpft, blieb der Gruppe nichts anderes übrig als weiterzuziehen, denn das schien die einzige denkbare Lebensweise zu sein.

Dann erkannten wir allmählich, daß wir bestimmte Pflanzen kultivieren und bestimmte Tiere domestizieren konnten, was es uns ermöglichte, in fruchtbaren Gebieten seßhaft zu werden, Dörfer zu gründen und Nahrungsvorräte anzulegen. Da genug Nahrung produziert werden konnte, ohne daß alle Dorfbewohner als Bauern arbeiteten, tauchten neue Berufszweige auf, und so wurde die Zivilisation geboren. Dieser Wandel von nicht seßhaften Sammlern und Jägern zu Landwirtschaft betreibenden Dorfbewohnern veränderte die bis dahin vorherrschende Weltsicht dramatisch und ließ eine neue Lebensvision entstehen, die nur wenige Jahrhunderte zuvor undenkbar gewesen wäre.

Ein zweiter tiefgreifender weltweiter Wandel vollzog sich einige Jahrtausende später, als die Komplexität der Zivilisation einen noch höheren Stand erreichte. Neu erschlossene, leistungsstarke Energiequellen und der Fortschritt der Technik ermöglichten die Massenproduktion von Waren und erhöhten die Mobilität. Nun erzeugte nicht mehr jedes Dorf seinen Eigenbedarf an Leder, Metall, Kleidung und Baumaterialien, sondern diese Dinge konnten von wenigen Menschen in einer fernen Stadt industriell hergestellt werden. In der Mitte des neunzehnten Jahrhunderts hatte der große, als industrielle Revolution bekannte

Wandel zu einer massenhaften Abwanderung aus der Landwirtschaft und hin zu den Arbeitsplätzen in den Städten geführt. Innerhalb einer Generation war die menschliche Fähigkeit, den für unser Überleben grundlegenden Bedarf zu befriedigen, enorm gewachsen, und die größere wirtschaftliche Sicherheit veränderte unsere Weltsicht für immer.

Heute glauben viele Denker, daß ein weiterer bedeutsamer Wandel unmittelbar bevorsteht, ein Wandel, der über die säkularen und technologischen Umbrüche früherer Zeiten weit hinausgeht. Der nächste große Wandel ist philosophischer und spiritueller Natur. Unsere materielle Absicherung hat einen Punkt erreicht, wo wir es uns erlauben können, das Wesen unseres Daseins auf diesem Planeten intensiv zu betrachten. Wir verspüren einen Drang, den uralten Fragen des Lebens auf den Grund zu gehen. Warum sind wir wirklich hier? Gibt es hinter den Kämpfen der Menschheitsgeschichte eine spirituelle Zielsetzung? Können wir in unserem Leben mit einer intuitiven inneren Führung in Kontakt treten, die wirklich spirituell ist?

Kurz vor dem Beginn des neuen Jahrtausends vermittelt uns eine Serie von archetypischen Erkenntnissen Antworten auf viele dieser Fragen – Erkenntnisse, die sich aus unserer eigenen Alltagserfahrung herleiten lassen. Diese Antworten sorgen für eine neue kulturelle Einigkeit darüber, was die Natur des Lebens ist und wie es gelebt werden sollte. So entsteht eine neue spirituelle Vision für die heutige Zeit.

DER WEG ZUR ZEHNTEN ERKENNTNIS

Damit die spirituelle Wiedergeburt wirklich in vollem Umfang stattfinden kann, müssen die ersten neun Erkenntnisse nicht nur bekannt sein, sondern auch gelebt werden. Wir müssen morgens aufwachen und fest damit rechnen, daß in unserem Leben aufregende und geheimnisvolle Fügungen auftreten werden. Und wir müssen erkennen, daß diese Fügungen uns den Weg in eine bestimmte Richtung weisen. Wir müssen diese Fügungen ernstnehmen (die Zweite Erkenntnis). Wir müssen das Universum als Ort voller Energie wahrnehmen und erkennen, daß wir selbst Energiesysteme sind (die Dritte Erkenntnis). Wir müssen wissen, daß wir Menschen oft einen Energiemangel spüren und dann bestrebt sind, anderen Energie zu stehlen, indem wir sie zu dominieren versuchen und Konflikte erzeugen (die Vierte Erkenntnis). Und um diese Konflikte zu transzendieren, müssen wir lernen, diese Energie aus unserer eigenen inneren Quelle zu schöpfen, wie es uns die Mystiker aller Religionen raten (die Fünfte Erkenntnis).

Haben wir diese innere Energie einmal entdeckt, verfügen wir über genug Kraft, uns einer genauen Selbstbetrachtung zu unterziehen. Dann können wir unsere Kontrolldramen identifizieren und über sie hinausgehen, um uns zu fragen: »Was ist der Sinn meines Lebens? Was soll ich wirklich tun?« So finden wir unsere individuelle Bestimmung in der Welt (die Sechste Erkenntnis). Dies verleiht den Fügungen in unserem Leben eine deutlich erkennbare Ausrichtung, und nun müssen wir unsere Intuition, unsere Träume und unsere Wahrnehmung des Lichtes dazu nutzen, die geheimnisvolle Entfaltung unserer persönlichen Bestimmung voranzutreiben, damit wir auf bestmögliche Weise zum Wohl der Welt beitragen (die Siebte Erkenntnis). Dabei sollten wir stets unsere Mitmenschen ermuntern und inspirieren und die Kraft von Gruppen nutzen (die Achte Erkenntnis). Dann müssen wir in dem Wissen leben, daß wir, indem wir beständig voranschreiten, unsere Körper immer mehr energetisieren und uns auf die höchste Bestimmung der Menschheit zubewegen: die Spiritualisierung unserer Körper und der gesamten menschlichen Kultur auf dem Planeten (die Neunte Erkenntnis).

Wenn wir uns für diese ersten neun Erkenntnisse öffnen, verhilft uns das, wie ich glaube, zu einer zehnten Erkenntnis, die uns eine höhere Perspektive für das spirituelle Leben auf diesem Planeten vermittelt – eine Perspektive, die durch unser wachsendes Bewußtsein für die Dimension des Jenseits, des Lebens nach dem Tod entsteht. Monat für Monat wird uns durch eine Fülle neuer Bücher, Fernsehdokumentationen und persönlicher Berichte immer deutlicher enthüllt, wie das spirituelle Leben aussieht, das wir vor unserer Geburt führten und in das wir nach unserem Tod zurückkehren werden. Durch diese neue Perspektive wird uns zunehmend bewußt, daß wir spirituelle Wesen sind, die den Verlauf der Geschichte in eine ganz bestimmte Richtung steuern. Die Zehnte Erkenntnis beginnt, wenn wir dieses physische Universum mit anderen Augen sehen und uns erinnern, wozu wir hergekommen sind.

HEILIGE ORTE

Wir müssen uns immer wieder daran erinnern, zur Quelle zurückzukehren. Alles hängt von dieser Rückkoppelung ab – unsere Stärke, unsere Liebe, unsere Geduld. Auf diese Erde kommen wir vor allem, um den größeren Teil unseres Selbst zu finden, jenen Teil, der über das primitive Ego und den Kampf ums Überleben hinausreicht. Danach lernen wir, zu fragen, an die Tür zu klopfen, auf der Suche nach dem Heiligen.

Wenn wir dann jene unzerstörten, zeitlosen Orte aufsuchen, wo die Lebensvorgänge der Natur frei und ungehindert ihren Lauf nehmen können, kommen wir mit dem heiligen Geheimnis der höheren Energie und der Ewigkeit in Berührung. Diese Orte sind nicht nur das Vermächtnis unserer Vorfahren, lebendiges Zeugnis der unberührten Welt, in der sie lebten, sondern auch Heiligtümer, die unseren Kindern und allen künftigen Generationen gehören. Sie sind Schätze der Natur, die von uns bewahrt und geschützt werden müssen, Plätze, deren Frieden und Abgeschiedenheit uns daran erinnern, wer wir sind.

Alle noch erhaltenen ursprünglichen Naturlandschaften bedürfen unseres Schutzes. Denn jene Menschen, die noch nicht erwacht sind, erkennen die heilige, spirituelle Kraft dieser Gebiete nicht, sondern sehen vor allem die dort möglichen Profite für die Holz- oder Agrarindustrie. Wie verlorene Kinder müssen wir wieder zur Quelle zurückkehren, wo wir die Tiefe des Lebens erfahren. Dann wissen wir, daß wir nicht länger im Bann von Gier und Irrtum stehen, durch die solche besonderen Orte zerstört zu werden drohen.

Wir sind mehr. Wir sind Teil der Liebe, die unsere Herzen öffnet, so daß wir klar sehen können; die alle Türen öffnet, so daß unsere Botschaft die ganze Welt erreichen kann. Diese heiligen Orte draußen in der Natur sind Quellen göttlicher Energie, aus denen wir täglich trinken können.

EIN GESCHENK DER TIERE

Zwar sind die wenigen noch verbliebenen unberührten Landstriche nach wie vor bedroht, doch die Zahl derer, die dorthin kommen, um die Energie dieser Orte auf sich wirken zu lassen, wächst täglich. Wenn wir in die natürlichen Rhythmen der Erde, des Windes und des Himmels eintauchen, wird unser Geist ruhig, und wir können unser Leben mit größerer Gelassenheit betrachten. Wir erkennen unseren Weg und den Synchronismus, der uns durchs Leben leitet. Und plötzlich stoßen wir auf eine weitere Art von geheimnisvollen Zufällen: die Begegnung mit Tieren.

Beim Wandern durch die unberührte Natur werden uns immer wieder Tiere begegnen, die in besonderem Bezug zu dem zu stehen scheinen, was wir gerade denken, und uns den Wert unserer Intuition vor Augen führen. Jedes Tier kann uns eine bestimmte Botschaft vermitteln, wenn wir sein Verhalten aufmerksam beobachten. Indem wir ein Tier auf eine spirituelle Weise betrachten, uns mit seinen Bewegungen und seiner Art der Wahrnehmung identifizieren, können wir uns an lange vergessene

Aspekte unserer selbst erinnern. Plötzlich kommen wir zu neuen Einsichten – Wissen, das uns an dem Punkt unserer Lebensreise, an dem wir uns gerade befinden, auf wunderbare Weise weiterhilft.

Das Auftauchen dieser Geschöpfe erinnert uns daran, wer wir sind, erinnert uns an jenen Bewußtseinszustand, der uns einst wohlvertraut war und für den wir uns nun erneut öffnen können. Wir müssen lediglich die noch unberührten Landschaften, die Wildnis schützen und uns immer wieder achtsam und voller Respekt in diese heilige Welt begeben. Dort wird uns die Wahrheit darüber offenbart werden, wie wir unser Leben und unsere Probleme meistern können – als ein Geschenk der Tiere.

UNSERER INTUITION VERTRAUEN

Wenn wir die Verbindung zu unserer göttlichen Quelle aufrechterhalten und sorgfältig auf die mysteriösen Fügungen achten, die unser Leben lenken, nehmen wir allmählich die Richtung wahr, in die diese Erfahrungen führen. Wir erkennen, daß jene Ahnungen und Gefühle, durch die unsere Intuition sich bemerkbar macht, als flüchtige Bilder auf dem Hintergrund unseres Geistes sichtbar werden, Bilder, in denen wir uns selbst erkennen, an bestimmten Orten oder bei gewissen Handlungen. Dabei werden uns mögliche Wege aufgezeigt, die wir in der Zukunft einschlagen können.

Natürlich können wir unsere Intuition einfach als zufällige Gedanken, Wunschdenken oder bloße Phantasie abtun. Unsere Skepsis und aufkommende Zweifel sind imstande, die Kraft dieser Bilder soweit zu schwächen, daß jeglicher Synchronismus in unserem Leben unmöglich wird. Die Herausforderung besteht also darin, sorgfältig auf unsere Eingebungen zu achten und den Bildern in uns Raum zu geben. Solange wir in Verbindung mit unserer inneren Quelle der Liebe bleiben, werden wir uns auf un-

sere Intuition stets verlassen können. Sie wird hilfreich für andere sein und uns die Richtung weisen, welchen positiven Beitrag wir im Leben leisten können. Unsere Ahnungen und Eingebungen werden dann zu den Straßenkarten für unsere Zukunft.

Wir müssen diese Bilder tief in unserem Herzen verankern. Wenn wir das tun, wenn wir ihnen absolute Priorität einräumen, wird sich in unserem Leben eine Kette von Ereignissen wundersam entfalten. Natürlich kann es vorkommen, daß die Bilder vage und unklar erscheinen. Wir werden auch weiterhin gelegentlich mit dem Kopf gegen die Wand rennen. Das wird sich kaum vermeiden lassen. Aber wenn wir das Vertrauen in unsere Intuition aufrechterhalten, wird die nächste Eingebung uns die Richtung weisen und uns dabei helfen, alle Hindernisse zu überwinden.

DIE ÜBERWINDUNG DER ANGST

Seit den Anfängen der Menschheit sind die Isolation und die Furcht, die sie in uns auslöst, unsere Feinde gewesen. Wenn wir uns selbst von unserer inneren Quelle des Glücks und der Liebe abschneiden, können wir in einen Zustand der Verzweiflung geraten, in dem uns das Leben sinnlos erscheint. Dann neigen wir dazu, uns ganz auf die negativen Seiten des Daseins zu konzentrieren: auf Armut, Gewalt und Haß, die Krankheiten unserer Welt.

Die große Wahrheit, die gegenwärtig in der westlichen Kultur zutage tritt, lautet, daß wir nicht gezwungenermaßen Sklaven unserer Emotionen sind. Ungeachtet unserer äußeren Lebensumstände können wir jederzeit Verbindung zu einer tieferen Quelle aufnehmen, die all unsere Emotionen zu jenem einzig wahren Gefühl der Verbundenheit zurückführt: der Liebe.

Sind wir einmal von dieser Liebe durchdrungen, wird sie in unserem Leben zum alles bestimmenden Gefühl, veranlaßt uns, aktiv zu werden, und inspiriert uns. Sie wird zum Zentrum unseres Lebens, an dem wir unser gesamtes Handeln ausrichten. Je länger wir in dem Gefühl dieser Liebe verharren, desto mehr werden wir uns der Ängste und Ressentiments bewußt, die ihr manchmal im Wege stehen und unsere Gesundheit und Energie schwächen.

Indem wir den Ursprung dieser Ängste und Antipathien herausfinden, können wir eine Klärung herbeiführen und uns wieder für die Macht der göttlichen Verbundenheit öffnen. Dann ist es uns möglich, uns ganz auf unsere besondere Bestimmung in der Welt zu konzentrieren. Wenn wir die innere Inspiration aufrechterhalten, wird es gelingen, unser Leben zu transformieren und unserem Körper Energie zuzuführen – denn wahre Gesundheit entsteht, wenn wir uns erinnern, wer wir sind, und uns konsequent unserer spirituellen Bestimmung widmen.

ERKENNTNISSE
ÜBER DAS JENSEITS

Langsam, Jahr für Jahr, ist unser Bewußtsein für die größeren Zusammenhänge des menschlichen Daseins auf diesem Planeten gewachsen. Jahrhundertelang haben wir das Leben auf das reduziert, was von einer materialistischen Wissenschaft bewiesen werden konnte. Unsere Existenz konzentrierte sich im wesentlichen auf das physische Überleben und das Streben nach materiellem Reichtum.

So gerieten wir häufig in eine Art von Besessenheit, getrieben von unserer Arbeit und dem sozialen Bedürfnis, durch »Erfolge« Anerkennung und gesellschaftlichen Status zu bekommen. Unser Augenmerk richtete sich fast ausschließlich auf das Erlangen materiellen Wohlstands. Sogar unsere Religionen beschäftigten sich kaum noch mit der spirituellen Natur des Menschen, sondern machten aus einer einstmals spirituellen Erfahrung ein materialistisches Konzept aus Glauben, formalem Bekenntnis und Ideologie.

Doch inzwischen hat sich in der Wissenschaft selbst eine Erkenntnis durchgesetzt, die das in unserer Kultur vorherrschende

Bewußtsein zunehmend beeinflußt: die Erkenntnis, daß Menschen bestimmte, immer wiederkehrende Erfahrungen machen, die nicht in das materialistische Paradigma hineinpassen. Allmählich fangen wir an, öffentlich über diese Erfahrungen zu sprechen.

Während sogenannter Nahtod-Erfahrungen haben Menschen kurze Einblicke in jenen Bereich gewonnen, den wir das Jenseits nennen. Jetzt steht es auch uns anderen offen, das Erscheinungsbild dieser anderen Wirklichkeit zu erkunden. Sie ist der Beweis für unsere wahre spirituelle Natur, verhilft uns zu geistiger Ruhe und Klarheit und spiritualisiert unser irdisches Dasein.

DIE ANWESENHEIT DER ENGEL

Immer offener sprechen wir über unsere spirituellen Erfahrungen, was zur Folge hat, daß der Glaube an Engel und andere spirituelle Führer sich zunehmend verbreitet. Dadurch, daß unsere Kultur übersinnlichen Erlebnissen gegenüber aufgeschlossener wird, wagen es immer mehr Leute, von ihren Erlebnissen mit Engeln zu berichten.

Von Menschen mit Nahtod-Erfahrungen wissen wir, daß ihnen im Jenseits verschiedene spirituelle Wesen begegnet sind, die als persönliche Ratgeber in Erscheinung traten. Diese Wesen erklären der betroffenen Person ihr Nahtod-Erlebnis, helfen ihr im Angesicht des Todes eine Bilanz ihres bisherigen Lebens zu ziehen, sich über ihre Bestimmung klarzuwerden und – manchmal – zu entscheiden, ob sie in die irdische Dimension zurückkehren will oder nicht. Häufig setzt sich die Beziehung zu dem spirituellen Führer fort, nachdem die Person ins Leben zurückgekehrt ist.

Ebenso erstaunlich sind die zahlreichen Geschichten über Engel aus *unserer* Dimension, die in das Leben vieler Menschen eingreifen. Begegnungen mit Engeln können bei Tag und bei Nacht stattfinden, im Freien oder in geschlossenen Räumen – doch jedesmal bringt ein Engel eine wichtige Botschaft, die uns verwandelt.

RÜCKSCHAU
AUF DEN LEBENSWEG

Ein immer wiederkehrendes Element der Nahtod-Erfahrungen ist die Rückschau auf das vergangene Leben. Im allgemeinen wird die Person, die sich zwischen den beiden Dimensionen befindet, an einen Ort versetzt, der von einem angenehmen weißen Licht erfüllt ist. Dort wird sie von spirituellen Wesen oder bereits verstorbenen Verwandten in Empfang genommen. Getragen von einem tiefen Gefühl der Geborgenheit, des Schutzes und der Liebe, sieht die betreffende Person eine Vision ihres Lebens vorüberziehen: von der Geburt bis zum gegenwärtigen Zeitpunkt. Bei den meisten Menschen ist diese Vision überaus genau und konzentriert sich auf unsere emotionalen Begegnungen mit Menschen und darauf, wie unser Verhalten sich auf den jeweils anderen auswirkte.

Diese Rückschau kann außerordentlich unangenehm sein, da uns die Folgen unseres früheren negativen Verhaltens – z. B. daß wir die Gefühle anderer verletzt haben – klar vor Augen geführt werden. Andererseits sehen wir aber auch die positiven Auswirkungen unseres Handelns auf der Erde:

die Gelegenheiten, bei denen wir andere ermutigt und ihnen dabei geholfen haben, ihre persönlichen Probleme zu bewältigen. Diejenigen, die eine solche Rückschau erlebt haben, kehren häufig mit neuen Einsichten darüber zurück, was sie mit ihrem Leben anfangen wollen, und welche Neigungen und Verhaltensweisen sie künftig überwinden müssen.

Die Lebensrückschau hat eine transformierende Wirkung. Es handelt sich dabei nicht nur um etwas, das alle Menschen am Ende ihres Lebens erwartet. Sie ist ein Vorgang, dem wir uns bereits widmen können, bevor unser Körper stirbt. Schon im Diesseits ist es uns möglich, Rückschau auf unser bisheriges Handeln zu halten und uns selbst zu erneuern. Auf diese Weise erfahren wir buchstäblich eine Wiedergeburt und sind in der Lage, neuen Sinn in unserem Leben zu finden.

DIE ERINNERUNG
AN UNSERE URSPRÜNGLICHE
ABSICHT

Wenn unser Vertrauen in das Spirituelle wächst, können wir einen Schritt zurücktreten und das Muster hinter den Eingebungen und mysteriösen Zufällen in unserem Leben erkennen. Scheinbar unglaubliche Fügungen lenken uns in eine Richtung, von der wir das Gefühl haben, daß sie uns auf irgendeine Weise vorherbestimmt ist.

Das kann die Begegnung mit einer uns fremden Person sein, ein Job, der uns angeboten wird, ein neues Projekt, das uns plötzlich ins Auge springt, oder der Entschluß, in eine andere Gegend zu ziehen. Bei all diesen Gelegenheiten haben wir das Gefühl, daß etwas Unvermeidliches geschieht. Unser Bewußtsein erweitert sich, und wir wissen intuitiv, daß die Dinge sich unausweichlich so entwickeln, wie sie sich entwickeln sollten.

Plötzlich ergeben große Teile unserer Lebensgeschichte einen Sinn: das unentschiedene Hin und Her, die Stolpersteine, die wir uns selbst immer wieder in den Weg gelegt haben, der zu manchen Zeiten fast schon besessene Drang, an gewisse Informationen zu kommen oder die Arbeit eines bestimmten Menschen zu verstehen. Alles, was in der

Vergangenheit geschehen ist, erweist sich als Vorbereitung auf unsere heutige Situation – eine lange Straße, die uns genau dorthin geführt hat, wo wir uns gegenwärtig befinden.

Diese Erkenntnis verhilft uns zu überraschenden Einsichten. Wir begreifen, daß wir alle diese Ereignisse schon vor langer Zeit vorhersahen. Wir hofften, daß sie eintreten würden. Bevor wir in dieses Leben hineingeboren wurden, haben wir sorgfältig vorausgeplant, welche Neigungen und Erfahrungen uns an den Punkt führen würden, an dem wir schließlich erwachen und eine bestimmte Mission erfüllen. Wir sind mit dem Wunsch auf die Welt gekommen, einen bestimmten Weg der Vorbereitung zu durchlaufen, um uns dann schließlich an jene Botschaft zu erinnern, die wir der Welt zum Geschenk machen wollen – eine persönliche Wahrheit, die nur wir mitteilen können.

DIE ERWECKUNGS-GESCHICHTE

Wenn wir uns daran erinnern, daß wir hier sind, um der Welt unsere ganz persönliche Wahrheit mitzuteilen, wird uns bewußt werden, daß die riesige Spanne der Menschheitsgeschichte in einem großen Zusammenhang steht, daß es sich dabei um eine lange Geschichte des Fortschrittes handelt, innerhalb derer sich unser individuelles Leben entfaltet. Unsere Aufgabe besteht darin, allmählich zu erkennen, daß unsere Existenz über den bloßen Kampf um das physische Überleben weit hinausreicht und Teil einer spirituellen Evolution ist.

Diese Evolution erklärt, warum unsere Vorfahren einst damit aufhörten, in kleinen Sippen umherzuziehen, und erkannten, daß sie Pflanzen anbauen und Haustiere züchten konnten. Sie erklärt, warum wir zur Industrialisierung und modernen Technologie hingeführt wurden. Sie macht deutlich, warum wir demokratischere Gesellschaftsformen und höhere ethische Normen für unser Sozialverhalten entwickelten. Und sie erklärt, warum wir heute das Bedürfnis spüren, uns intensiver auf die Qualität unserer zwischenmenschlichen Beziehungen zu konzentrieren.

Gegenwärtig werden wir uns der Tatsache bewußt, daß allen Begegnungen zwischen Menschen eine verborgene spirituelle Dynamik zugrunde liegt. Solche Kontakte regen unsere Kreativität und Produktivität enorm an. Die tiefen spirituellen Botschaften, die uns durch spontan in unser Leben tretende Menschen übermittelt werden, sind für uns eine wertvolle Quelle der Inspiration.

Plötzlich offenbart sich uns dadurch der Sinn unserer persönlichen Wahrheit. Jeder von uns hat einen speziellen Beitrag zu leisten, in dem sich die größeren Veränderungen der Geschichte widerspiegeln. Jeder von uns ist persönlich an der Weiterentwicklung der menschlichen Kultur beteiligt, doch unsere jeweilige Mission steht darüber hinaus in einem synchronistischen Zusammenhang mit einem größeren evolutionären Schritt, den wir alle spüren.

Unsere höchste persönliche Wahrheit dient heute dazu, die industrialisierte Welt von innen heraus zu transformieren, um sie in größeren Einklang mit der natürlichen Umwelt zu bringen. Wir sind dabei, unsere

Technik so weit zu automatisieren, damit wir uns ganz dem Abenteuer des spirituellen Wachstums widmen können.

DIE POLARISIERUNG ERKENNEN

Aus der Perspektive des Jenseits erscheinen die Bestimmung und das Schicksal der Menschheit offensichtlich. Denn das Jenseits ist der Ort, wo unsere Erinnerungen am weitesten zurückreichen und an dem wir unsere lange Evolutionsgeschichte auf diesem Planeten als einen Prozeß des spirituellen Erwachens begreifen können.

Mit jedem historischen Meilenstein, jedem evolutionären Schritt gelangt mehr spirituelles Wissen auf die physische Ebene. Somit können wir die Spiritualität immer stärker ausleben, sie in unseren Alltag integrieren und unsere Körper durch sie erleuchten lassen. Den meisten von uns fällt es leicht, intuitiv zu erkennen, daß unsere Bestimmung letztlich darin besteht, einen reinen Geist zu verkörpern. Eines Tages werden alle auf Erden in einer spirituellen Kultur existieren, in enger Verbindung zu Gottes Himmel.

Um jedoch zu einer wahrhaft spirituellen Kultur zu gelangen, müssen wir uns zunächst von der materialistischen Weltsicht befreien, die in den letzten vier Jahrhunderten unser Denken geprägt hat. Einigen von uns fällt das schwer. Das materialistische Weltbild erscheint sicher und vertraut und ermöglicht uns, existentielle Ängste zu unterdrücken. Das große Geheimnis des Daseins wird auf bloße Alltagsroutine reduziert, auf einen ökonomischen und finanziellen Überlebenskampf.

Fragen nach dem Sinn des Lebens, dem Tod, dem Jenseits, Gott werden zur Seite geschoben und finden kaum Beachtung. Um solche Fragen aus dem Bewußtsein zu verdrängen, kritisiert und diskreditiert man diejenigen, die beharrlich für eine Auseinandersetzung mit diesen Dingen eintreten. Während sich spirituelle Einsichten auf unserem Planeten zunehmend verbreiten, wird eine starke Polarisierung deutlich, eine Spaltung.

Auf der einen Seite stehen Menschen, die eine spirituelle Renaissance spüren und an sie glauben. Auf der anderen Seite stehen jene, die sich dagegen sträuben, weil sie das Gefühl haben, daß bestimmte Traditionen in Gefahr sind. Nur Liebe und eine offen geführte Diskussion können diese Spannung abbauen und gewährleisten, daß die Wahrheit auf bestmögliche Weise ans Licht kommt.

DIE VISION HALTEN

Wenn wir diese jetzt in Erscheinung tretende spirituelle Wiedergeburt wirklich zu einem festen Bestandteil unseres täglichen Lebens machen wollen, müssen wir eine Vision der Zukunft entwerfen, die höchsten ethischen Prinzipien genügt. Und wenn unsere intuitiven Wahrnehmungen sich als richtig erweisen, haben wir allen Grund, an den uns führenden Synchronismus zu glauben.

Wir müssen begreifen, daß geheimnisvolle Fügungen uns durch die Erkenntnisse hindurchführen – so daß wir unsere Egos reinigen können und uns bewußt werden, daß jeder einzelne Mensch dazu bestimmt ist, einen besonderen Beitrag zum Wohl der Welt zu leisten. Wenn wir in Verbindung zum Göttlichen bleiben, werden wir uns mit zunehmender Deutlichkeit daran erinnern, wie wir handeln müssen, um unsere Mission zu erfüllen.

Während unsere Erinnerung wächst, werden wir Menschen begegnen, bei denen wir spüren, daß wir sie aus früheren Zeiten kennen. Wenn wir unsere aus der Vergangenheit herrührenden Grollgefühle aufarbeiten, werden wir entdecken, daß die Bestimmung dieser Menschen synchronistisch zu unserer eigenen ist. Zusammen mit ihnen können wir damit beginnen, die Arbeit, der jeder von uns im Alltag nachgeht, zu einem gemeinsamen Dienst an der Menschheit zu vereinen. Wir werden nicht nur jeder für sich unsere historische Bestimmung entdecken, sondern auch den ursprünglichen Plan für die menschliche Geschichte und Erfahrung – den wir alle vor langer Zeit als gemeinsame Vision erschufen.

Diese Welt-Vision – die Zukunft, die zu verwirklichen unser aller Aufgabe ist – wird Millionen von Visionären dazu motivieren, Umweltverschmutzung, Kriminalität, Krieg und Armut, die größten Menschheitsprobleme, zu beseitigen, und die neue spirituelle Kultur auf unserer physischen Ebene zu etablieren.

Damit diese Welt-Vision Wirklichkeit werden kann, muß sie von einer wachsenden Zahl Menschen erinnert und kommuniziert werden. Wir müssen alle Leute inspirieren, ihnen helfen, sich zu erinnern, niemanden als Feind behandeln. Wir alle müssen eine persönliche Wahl treffen, welche Zukunft wir visualisieren wollen. Und wir müssen an dieser Vision festhalten, um unsere Welt zu retten.

INFORMATIONEN ZUM AUTOR

Der Autor ist Herausgeber der Monatszeitschrift »The Celestine Journal«, in der er über seine aktuellen Erfahrungen und Gedanken zur spirituellen Wiedergeburt auf unserem Planeten berichtet. Interessierte Leser wenden sich bitte an die folgende Adresse: Sartori Publishing, P.O. Box 360988, Hoover, Alabama 35236.

Tief in den Regenwäldern Perus ist eine uralte Handschrift gefunden worden. Auf ihren Seiten sind neuen grundlegende Einsichten in das Wesen des Lebens niedergelegt - Einsichten, zu denen nach und nach jeder Mensch auf dem Weg zu einer spirituellen Kultur gelangen wird.
James Redfield
Die Prophezeiungen von Celestine
EIN ABENTEUER
»Ein außergewöhnliches Buch über die Wahrheiten des Lebens - ich konnte es nicht mehr aus der Hand legen.«
Elisabeth Kübler-Ross
HEYNE

James Redfield
Die zehnte Prophezeiung von Celestine
HEYNE